छोटी सी रोशनाई

(कविताओं का संग्रह)

द्वारा-स्व.
डॉ. दीपक कुमार श्रीवास्तव

INDIA · SINGAPORE · MALAYSIA

ISBN 979-8-88833-694-6

"कविता नहीं छंद है यह,
जीवन की मकरंद है यह,
सम्भल सके तो सम्भलना इसे,
शायद यही, छोटी सी रोशनाई है!!"

(स्व. डॉ. दीपक कुमार श्रीवास्तव)
(07 अगस्त, 1975 - 06 मई, 2007)

कविताएँ मन की वो भावनाएँ है, जो शब्दों को एक छोटी से माला में पिरोकर व्यक्त करती है। "छोटी सी रोशनाई" भी कविताओं की छोटी सी संग्रह है, जो हालातों, जज्बातों और परिस्थतियों के हर बन्धन से उठ कर आगे बढ़ जाने को प्रेरित करती है। स्व. डॉ. दीपक कुमार श्रीवास्तव द्वारा रचित इन कविताओं के बारे में उनके ही शब्दों में व्यक्त निम्न पंक्तियाँ हैं-

"कविता नहीं छंद है यह,

जीवन की मकरंद है यह,

सम्भल सके तो सम्भलना इसे

शायद यही, छोटी सी रोशनाई है॥

(स्व. डॉ. दीपक कुमार श्रीवास्तव)

(07 अगस्त, 1975 - 06 मई, 2007)

स्व. डॉ. दीपक कुमार श्रीवास्तव द्वारा रचित कविताएँ सरल भाषा में लिखी गई है एवं भावना प्रधान है। उनकी कविताएँ जीवन के आशा-निराशा के द्वंद से गुजरते हुए जिन्दगी में आशावान बने रहने को प्रेरित करती है। उनका जन्म 07 अगस्त, 1975 को विशाखापटनम (आंध्र प्रदेश) के आई. एन.एच.एस. कल्याणी में हुआ। वह पेशे से चिकित्सक थे, और यूनीसेफ, उ0प्र0 में "वैक्सीन एण्ड कोल्ड चेन कंसल्टेन्ट" वाराणसी जोन के पद पर कार्यरत थे।

वह एक खुशमिजाज और जिंदादिल इंसान थे, दुर्भाग्यवश, अल्पआयु में दिनांक 06 मई, 2007 को एक कार्यक्रम से लौटते वक्त उनकी कार दुर्घटनाग्रस्त हो गई, जिसमें उन्हें बचाया ना जा सका।

स्व. डॉ. दीपक कुमार श्रीवास्तव भले ही आज हमारे बीच नहीं है पर उनकी कविताओं की छोटी सी संग्रह "छोटी सी रोशनाई" जिन्दगी में उम्मीदों का दामन थामे हुए, हर परिस्थितियों से उभर कर जिन्दगी खुशनुमा होकर जीने को आज भी प्रेरित करती है।

"छोटी सी रोशनाई"
दो-शब्द

जिन्दगी को चन्द अल्फ़ाज़ो में कहा जाए तो वह सुख-दुख की मोतियों से पिरोई वह माला है, जो उम्मीदों का दामन थामे हुए है। उम्मीदें या आशाएं वह 'तिनका' होती है, जो हर परिस्थितियों से आगे बढ़ने को प्रेरित करती हैं। क्या जिन्दगी को खूबसूरत कहा जा सकता है? एक व्यक्ति, दुखी इंसान को यह प्रश्न यकीनन काँटों की तरह चुभेंगे पर इस दुनिया में सुखी कौन है? वह जिनके पास असीम दौलत, नाम, शोहरत है पर वह भी किसी न किसी दर्द से व्यथित है। कुछ रह गया या और पाना है यह सुख-दुख के मायने बदल देती है। अर्थात सुखी वह भी नही जिसके पास असीम दौलत है, और सुखी वह भी नहीं जिसके पास कुछ भी नही। निराशाओं के घोर अंधकार में जाने वाला वह व्यक्ति भी होता है जिसके पास दौलत, नाम और शोहरत है, और वह भी जिसके पास इन्हें पाने की लालशा भर है।

क्या इसका अर्थ यह हुआ कि जिन्दगी खूबसूरत नहीं बल्कि काटों की राह है? नहीं, बिल्कुल नहीं, जिन्दगी सच में खूबसूरत है, जिन्दगी खूबसूरत है, इसीलिए नहीं कि हर बार सब अच्छा होता है पर इसलिए कि वो आपको हर बार एक नई चुनौती देती है। चुनौतियाँ जो हम खुद से बना भी लेते है-कुछ पाया, कुछ रह गया, कुछ पाना है के उधेड़बुन में

डॉ. दीपक कुमार श्रीवास्तव | 7

ज़िन्दगी जीना ही भूल जाते हैं। जिन्दगी की तेज़ रफ्तार में खुद को कहीं पीछे छोड़ आते हैं। उम्मीदों के ऊँचे पंखों को खुद से बाँधकर सुख-दुख के मायने बदल लेते है और निराशाओं के अंधकार में कहीं खो जाते हैं। परन्तु जिन्दगी हर इंसान को समझने का परखने का मौका जरूर देती है, लेकिन सबको जानने से पहले वह हमें खुद को जानने का स्वर्णिम अवसर प्रदान करती है। चुनौतियों से भरे राह में भी आशा का दीपक जलाएँ रखने को प्रेरित करती है।

जिन्दगी के इन्हीं कुछ लम्हों के साथ स्व. डॉ. दीपक कुमार श्रीवास्तव द्वारा रचित कविताओं की यह "छोटी सी रोशनाई" एक नई दिशा, जिन्दगी के हर समस्या से जूझने उससे उभरने और आगे निरन्तर आशावान बने रहने की प्रेरणा देती है। जिन्दगी में चाहे कितनी भी समस्याएँ आए, उन्हें एक चुनौती मानकर स्वीकार करे, क्योंकि हर समस्या का एक हल है। परन्तु जल्दबाजी और निराशाओं में आकर हम हिम्मत हार जाते हैं पर अगर धैर्य रखे तो हर समस्या का हल जरूर निकलेगा।

यह "छोटी सी रोशनाई" जीवन के अंधेरों को रोशन कर उज़ालों में आने को प्रेरित करती है।

विषय-सूची

"वीर"

समसीर भूमि के वीर

कहो क्यों खड़े अधीर यहाँ पे,

मत भूल-मत भूल, समय अवधि को,

कभी शिशु रहे, कभी बाल रहे,

अब हाल बेहाल बने हो,

मत पूछ-मत पूछ, हस्त वलय को,

क्यों कर तेरा यह हाल बना,

तु पूछ समय अवधि को,

हस्त बलीष्ठ थे तेरे अब तक,

टंकार धनुष का नभ तक,

गाँडीव तेरी अब उठती नहीं,

क्यों सोच रहा यह अब-तब,

कर कोशिश कर-कर कोशिश कर,

तु जोर लगा,

मत सोच वहाँ पर भीष्म खड़ा,

वो तेरा शत्रु डोल रहा,

चल चढ़ा-चल चढ़ा,

प्रत्यंचा मत रूक,

कर्म तेरा पुकार रहा,

रणभूमि के इस समर में
जो यहाँ रहा वो दोस्त बना,
जो वहां गया वो लील गया,
कर्तव्यविमूढ़ तु मत बन- कर्तव्यविमूढ़ तु मत बन
तेरा अस्तित्व इसी में अर्जुन,
कर्तव्यप्रयाण बन जा,
गाँडीव उठा कर तनजा-गाँडीव उठा कर तनजा॥

"पथ दृष्टा"

हर बार विजय हो तेरी सदा,
हर बार जीत का घोश लगे।
जब भी उठे शीश तुम्हारा,
विजय तिलक का रोश उठे।
नथुने तेरी फड़के जब भी,
कड़क दामिनी सा घोश उठे।
बाहे तेरी फौलाद बने,
और पग महेश सा धीर बने।
चलो जब भी गजमस्त बनों,
और दावानल सा तेज जगे।
उठे विश्व हुंकार के भी,
पग तेरी डोल न पाये कभी।
और विचलित संसार तुझे अपनी,
"पथ दृष्टा" जाने माने सभी॥

"लीडर"

जिंदगी के जुफ़्तजु में हम मसीहा बन गए,

आदमी ना बन सके तो क्या,

लीडर तो हम बन गये,

जिंदगी को लाख ताने दे दिये थे गालिब ने,

पर जिंदगी ने हमको लीडर आज बना दिया,

कई सपनों को हमने भी बुने थे,

कहीं काट कर, कहीं छाँट कर,

हमने भी उन्हें संजोए थे,

तब थे वे बड़े मुश्किल

क्योंकि जिंदगी का था न कोई छोर न किनारा,

पर आज हम इस टीले पर यूँ बैठे हुए

दूर तक नज़ारो का इशारा देखते है,

देख कर, न देखना का यूँ बहाना करते है,

जिन आंखों में ऊँचाई खिंच गई है

अब लाख ताने लोग देते है,

पर अब हम जिन्दगी के हमसफर बन गए है,

जो उसी रफ़्तार से चलती थी कभी,

जो इसी रफ़्तार से चलती है अभी,

और उसी रफ़्तार से चलती रहेगी कभी...........॥

"एक कविता"

गर कविता में लिखता,

लिखता तुझको कुछ ऐसा लिखता,

"इंद्रधनुष की हो प्रतिमा,

पलायन की तुम हो कविता,

निर्मात्री तुम घनघोर घटा की,

सावन की तुम हो बरखा।"

गर छंद फिसलते हो लब से,

और शब्दों का नटवर होता,

सच! तुझको कुछ ऐसा लिखता कि,

"तुम गंगा हो, और गंगा सी निर्मल हो तुम,

तुम चोटी हिमालय की, और गंगा का उद्भव हो तुम,

तुम भागीरथी का श्रम हो, और शिव की हो चरणामृत"।

सच! कुछ-कुछ ऐसा लिखता,

पर शब्दों की माया नगरी में,

मैं तुझकों कैसे लिखता,

लिखता! पर साधरण शब्दों में,

तुझकों जल और हवा लिखता,

लिखता, तुम हरियाली हो,

मकरंद हो तुम जीवन का,

लिखता बस यही लिखता,

लिखता बस यही लिखता॥

डॉ. दीपक कुमार श्रीवास्तव | 17

"तारीख"

लाख लिख दे जमाना,

तुझे एक अफ़साना,

मगर तारीख बोलेगी,

तेरी शोहरते अफ़साना,

तु चुप होगा, खामोश होगा,

मगर तासीर बोलेगी,

तेरी कशिश की महक,

हर सु डोलेगी,

जमाना देखेगा, वो किलो की,

बुलंदिया तेरी होगी,

फतेहरूह कर ज़ज्बात पर तु,

होगा जिस दिन काबिज़,

मुकम्मले जहाँ की तस्वीर भी हाफ़िज होगी,

चमकेगा तु नाहिद की तरह,

महक गुलाब सी होगी,

देख कर बुलंदियाँ तेरी,

फौलाद भी पिघलेगा,

यकीन कर, अलफ़ाजों पर मेरे,

हर्फ़ इसका एक-एक सच निकलेगा॥

"विश्वास"

है अगर विश्वास खुद पर

रास्तें कुछ ऐसे निकालो

आसमान अगर झुक न सके

तो शीश ही ऊँचा उठा लो

बुलंद हौंसला हो तुम्हारा

यह सभी का मत है,

ऊँचा रहे अरमान तुम्हारा

यह सभी का मत है,

पर अगर ऊँचाईयों को हाँथ छू न सके

तो एड़ियाँ अपनी उठा लो

यह सभी का मत है,

रख रहे हो तुम कदम

जग हो सकता है तुम्हारा॥

"सुन्दर घर"

हे गगन तु चाक बन,
मैं कुम्हार बन जाता हूँ।
और थोप-पाटी पर मिट्टी तेरे,
एक सुन्दर घर मैं बनाता हूँ।
जो सपनो से तो दूर रहे,
कल्पना में भी आ ना सके।
एक ऐसा घर मैं बनाता हूँ,
हे गगन तु चाक बन,
मैं कुम्हार बन जाता हूँ,
गगन बने हो जिसके छत पर
और फ़र्श पे धरती बीछी रहे
आठो दिशाओं में हरियाली
जंगल विस्मृत सपनों सा
एक ऐसा घर मै बनाता हूँ।
हे गगन तु चाक बन,
मैं कुम्हार बन जाता हूँ।

"जीवन संघर्ष"

वो जीवन ही जीवन क्या

जिसमें कोई संघर्ष नहीं,

आखिर मिट्टी से जीवन

कब्र तक संघर्ष बने,

संघर्ष सफलता का पर्याय,

बनकर जीवन में आता है

संघर्ष ही सफलता का वह

अमृत स्वाद चखाता है

मैं नहीं डरता संघर्षों से,

जीवन संघर्षशील बने

पर दिशाविहीन न हो ऐसा,

मुझको कतिपय साहस देना

अथक प्रयासो से ही, भागीरथी बन जाता है,

पत्थर-पत्थर संघर्षों से ही मीठा जल मिल पाता है

जीवन के इस जीवधारा का फिर क्यों अपमान करें

आओ हम मिलकर इसे सहर्ष स्वीकार करें

संघर्ष विहीन जीवन का

कोई मूल्य नहीं,

संघर्ष ही जीवन को अमूल्य बनाता है॥

"हुनर"

सिफ़त तेरी, हुनर तेरा,

मुक्मल कब तलक होगी

भरोसा हो अगर कुवत पे,

तो वो नहिद तेरा होगा।

पहुँच हैं अगर तुझमें,

तो समुन्दर क्या, दरिया क्या,

तु अगर चाहे, सुलादे चाँद तारों को,

कर ज़मी आगोश में, बतादें तु ज़माने को,

कि पत्थरो के सीने से ही, गंगा बहाई जाती हैं,

माना कि कोशिशों को भागीरथी ही चाहिए,

हर पत्थर को तोड़ने का एक कलेज़ा चाहिए,

पर हुनर अपनी मकबुलियत पर एक फ़िजा तो लाती है

हर आइने फुट्टते हैं, उस अस्ख के सामने

जब धीरे-धीरे सिफ़त अपना रंग दिखाती है॥

"सुकरात"

बेइरादा ही सही,

हालात से बचकर रहो,

प्यार तुम सबसे करो,

पर ज़ज्बात से बचकर रहों।

तुमसे सूरज़ वफादारी निभाये ठीक है,

बाद इसके भी मगर,

अंधेरी रात से बचकर रहो,

अपने हिस्सों का जहर,

लोग तुम्हें पिलवा न दें,

आज कल के ऐसे नए 'सुकरात' से बचकर रहो॥

"सूरत"

तेरी सूरत से अलग तो, नही सूरत मेरे खुदा की,

तेरी सिरत से अलग तो,

नहीं सिरत मेरे खुदा की,

क्यूँ जलाऊ मैं कही फिर,

किसी मन्दिर में दिए.............

तेरे कदमों से है,

रोशन जन्नत मेरे जहाँ की,

क्यूँ करूँ मैं ये तमन्ना,

कि खुदा मिल जाए...........

मेरी नज़रों में जरा देख,

तो सूरत मेरे खुदा की,

इक जरा सी है ये,

ख्वाहिश तेरे सज़दे में किए

वक्त-ए-रूखसत यही,

हसरत तेरी पनाह मिले,

तेरी सूरत से अलग,

तो नहीं सूरत मेरे खुदा की॥

"अपने"

आप तो बढ़ गए,

हम वहीं ढूँढते रह गए आपको,

सोचा ना था,

कि वक्त ऐसा बदलेगा,

कि आईनों में भी आईनें आ जाऐंगे,

सवालो के मायने बदल जायेगें

अपने ही बेगाने बन गए...........

आपने तो मुड़ के भी न देखा

और हम बार-बार,

आवाज़ देते रह गये,

जिन्दगी ऐसे भी इन्तहा लेती है,

अपनों को पराया बना देती है.............

अपने अब अपने ना रहे,

चेहरों पर चेहरे लग गए,

इन चेहरों में हम 'अपनो' को

ढूँढते रह गए,

ढूँढते रह गए॥

"तारे"

ये अम्बर ये तारे

ये सब है, तुम्हारे लिए

देखों तो जरा नज़रे उठा के

ये आशाओं से भरी ये रात

है तुम्हारे लिए

यू ना करो मन को उदास

पूँछो तो इन तारों से

कैसे टिमटिमाते है,

रात के अँधियारों में,

ये अम्बर, ये तारे

कहते है ये तुमसे

हम तो है, तुम्हारे साथी

न हो तुम उदास

जरा देखो तो हमें भी

हम भी तो है तुम्हारे साथी

हम दूर सही, पर हम कितने पास हैं

अँधियारों के हम साथी है

साथ रहेंगे इन राहों में तुम्हारे सदा

न होने देगें तुमको निराश

इन अँधियारों में भी उजियारा कर

जलायेंगे एक 'दिया'

लेकर आएगा वो 'दीपक'

जो कर देगा तुमको रोशन

तब न भूल जाना हमको

आखिर हम तो अँधियारो के साथी है॥

"शक्ति का परिचय"

तुम्हें ना जान सका कोई,

तुम ऐसा राज बनती हो,

रहती हो सबमें, पर हो सबसे जुदा,

क्या नाम दे तुम्हें,

नाम के हर बंधन से परे लगती हो।

हर जीव में तुम बसती हो,

कभी कहीं नहीं टिकती हो,

हर रूप में तुम दिखती हो,

कभी माँ, कभी बहन बन जाती हो,

जाने कहाँ से आती हो,

और जाने कहाँ चली जाती हो?

हर विश्वास के साथ में रहती हो

नाम ना पूछों मेरा,

मैं हर नाम में मिलती हूँ,

शक्ति का रूप कहो,

या खुद शक्ति बन जाऊ

मैं तो चलायमान रहती हूँ,

पर रहती हूँ सदा उसके साथ,

जिसने मुझको पहचान लिया,

मन कर्म वचन से मुझकों बांध लिया,

मैं जीवन की सहचरी हूँ

साथ-साथ में उसके रहती हूँ

अब परिचय मैं क्या दूँ तुमको,

तुम खुद मेरा परिचय हो,

परिचय जब पूँछोगे अपने आप का,

तो मेरा ही तो परिचय पाओगे,

कहाँ जाओगे तुम मुझे ढूँढने

जब अपने आपको भूल जाओगे॥

अपने आप को भूल कर,

मेरा ही परिचय पूँछते हो,

क्यों करते हो मेरा अपमान,

जब अपने आप को नहीं ढूँढ पाते हो,

जब अपने आप को नहीं ढूँढ पाते हो॥

"वही शाम"

हरियाली जीवन का आईना है,

शायद इसी में जीवन का मायना है,

जब से हुई है, रूखशत यह,

हर तरफ खुश्की सी छाई है,

लो! आज फिर वही शाम आई है!

बना है फसाना,

इस बात का,

क्या गलत है, और क्या रूसवाई है,

उखाड़ कर इसे कई बार फेका

पर यह कुकुरमुत्ते सी घिर बन आई है।

सच! जीवन में हरियाली बहुत याद आई है,

उठा के अजुँली भर 'जल'

कई बार सीचा है,

उन पौधों को,

मिली है, आज काँटों की चुभन,

तो क्या, फूल भी तो इसी में आई है,

लो! आज फिर वही शाम आई है।

हवा के रूख में कई बार परिवर्तन है,

कहीं प्रदूषण, कहीं अर्पवतन है,

फिर भी यही प्राण वायु है,
जीता है संसार, इसी माया में,
यही जीवन की सच्चाई है,
लो! आज फिर वही शाम आई है॥

"चाँद"

वो चाँद छुप के देखो,

झरोखे से झांकता है,

वो चाँद छुप के देखो,

झरोखे से झांकता है.........

शायद वो दिल की मेरे,

हर बात जानता है

वो चाँद छुप के देखो,

झरोखे से झांकता है.........

हर बार की है मैनें,

लाखों ही कोशिशें,

दिल की बातों को,

दिल में ही दफनाया है,

वो चाँद छुप के देखो,

झरोखे से झांकता है......

शायद वो कहता है मुझसे,

हर इंसान की ये ही फितरत हैं,

दिल में कुछ,

जुबान पर कुछ आता है

वो चाँद छुप के देखो,

झरोखे से झांकता है.........

हर बार मैंने उसे जताया है,
दिल की बातों को जुबाँ पर लाया हूँ
पर जाने वो क्यों अडिग हैं,
हर बार वो मुझसे कहता है,
इंसान की तो ये ही फितरत है,
दिल से जुबान का रिश्ता टूटा है,
दुसरों से अंजान,
तू क्यों खुद को छला जा रहा है,
तू क्यों खुद को छला जा रहा है,
वो चाँद छुप के देखो,
झरोखे से झांकता है॥

"लहू-लहू"

लहू-लहू हर मंजर है,

लहू-लहू हर मंजर है,

ये किसके हाथ में खंजर है,

बारिस पहली सावन की है

और पानी घर के अन्दर है...........

लहू-लहू हर मंजर है,

लहू-लहू हर मंजर है,

बडे जतन से आम लगाया,

खाने का दिन जबसे आया,

हाय! कहूँ क्या, हाय! कहूँ क्या

अपने आँसू,

बन्दर बाग के अन्दर हैं।

लहू-लहू हर मंजर है,

लहू-लहू हर मंजर है,

हाय गणित का आलम ये,

कुछ बाहर, कुछ अन्दर है,

करो तिकड़म कुछ भी लेकिन,

हाथ में जीरो नम्बर है।

लहू-लहू हर मंजर है,

लहू-लहू हर मंजर है॥

"तुम कहाँ हो"

सर्द आहों के नगर में,
हर तरफ वीरानियाँ है,
टूटता मेरा मासूम जीवन,
तुम कहाँ हो?
जिन्दगी के हर पहर में,
धैर्य टूटा जा रहा है,
बुझ न जाए आस मन की,
तुम कहाँ हो?
आत्माओं के शिला पर,
आँख आँसू बो रही है,
जहर लहू में है फैला,
मौत अपनी जीत जीती
ढूँढ़ रहा है व्याकुल मन,
तुम कहाँ हो?

"मौन भाषा"

वही मैं हूँ
वही तुम हो,
फिर क्यों बुझ से रहे है दोनो के,
नयनदीप आशा और विश्वास के,
समझ क्यों नही पा रहे,
आज एक दूजे को,
क्यों अर्थ बदल गए,
हमारी मौन भाषा के,
हमारी मौन भाषा के.............॥

"जुनून"

मुझे यकीन है कि,

जुनून का मेरे,

नतीज़ा जरूर निकलेगा,

इसी सियाह समन्दर से नूर निकलेगा।

गिरा दिया है तो,

उसका इंतजार न कर साहिल पे,

डूब गया खुद ही तो, खुद-ब-खुद निकलेगा,

इस जुनून का मेरे, नतीज़ा जरूर निकलेगा।

उसी का शहर,

मुद्दई, मुंसिफ भी वही,

मुझे यकीन था,

मेरा कसूर जरूर निकलेगा।

इस सियाह समन्दर से,

नूर निकलेगा,

मुझे यकीन है,

जुनून का मेरे, नतीज़ा जरूर निकलेगा॥

"एहसान"

एहसान कोई कर दे,

नादान मेरे दिल पे,

खुश होके मुस्कराऊँ एक बार तह-ए-दिल से,

ढल सी गई है खुशियाँ,

टूटी हुई आशाएँ

बुझने लगे हैं अरमान,

कैसी चली हवा ये।

इस पार मैं खड़ा हूँ,

उस पार भी हूँ मैं ही,

खुद से बिछुड़ गया हूँ,

खुद को तलाशता हूँ,

मेरा वजूद क्या है,

ये कोई मुझे बता दे।

रो-रो के आँसुओ ने,

समझाया बहुत था,

तकलीफ क्या मुझकों,

बतलाया बहुत था,

करते थे जो ये दावा,

कि वा पढ़ लेते है, मन की भाषा,

क्यों बन गए है सारे,

अंजान मेरे दर्द से।
ये कैसी उठी दिवारें,
क्यूँ बदल गयी सारी दिशाएँ,
कल तक जो थे अपने,
वो अंजान क्यों खड़े हैं,
मैं भी वही हूँ,
अरमान भी वही है
फिर ये कैसी चली हवा,
कि बदल गयी सारी दिशा,
एहसान कोई कर दे,
नादान मेरे दिल पे॥

"आरज़ू"

ऐ ठंडी हवाओं,

ऐ काली घटाओं,

जो तुम साज़ छेड़ों,

तो मैं गुनगुनाऊँ।

कसम आरज़ू की ना रह जाए दिल में,

चलो आज़मा लूँ तुम्हें बेखुदी में,

कि कह दो बहारों से,

रंगी फिज़ाओं से,

कि मदहोश हो ना,

जो मैं झूम जाऊँ

ऐ ठंडी हवाओं...........

रिमझिम फुहारो की बरसात हाय,

सिमटती हुई शोख चंचल घटाएं,

कि दिल की तमन्ना है,

झिलमिल सितारों,

कि बरसात हो, और मैं भीग जाऊँ,

ऐ ठंडी हवाओं...........

कि कह दो, हँसी चाँद की चाँदनी से,

सजाएँ मुझे, आज कुछ इस तरह से,

कि रूख से जो,

घूंघट उठाऊँ मैं अपने,

तो थम जाएँ, नजरे जो मैं मुस्कराऊँ,

ऐ ठंडी हवाओं.............

चली झूमती ये,

नशीली हवाएँ

कि मदहोश हैं, आज काली घटाएँ

कि पी तो नहीं हैं, मगर हूँ नशें में,

मुझे थाम लेना जो मैं लड़खडाऊ

ये ठंडी हवाओं...................।।

"हसीन"

तुम सा हसीन कोई नहीं है,

सारे शहर में जाने जा,

पगली है क्या रे माने ना.........

लाखों में एक मुस्कान देख,

चंदा शरम से जा डूबा,

जल्दी से जाओ कज़रा लगाओं,

कोई नज़र लगा दे ना,

तुम सा हसीन कोई नहीं है......

खोलो ना जुल्फें

देखों काली घटा का क्या होगा,

मुश्किल है तुमको कुछ भी बताना,

कहना किसी का माने ना,

तुम सा हसीन कोई नहीं है,

सारे शहर में जाने जा॥

"सिया राम"

इस दुनिया में ऊँचे काम,

लेके नाम, जय सिया राम,

कर ले रे बन्दे,

जय जय जय जय जय सिया राम,

तेरा साथ रहे भगवान

बसते हैं, भगवान जहाँ मन्दिर है दुनिया सारी,

अरे कर्म ही पूजा यहाँ सभी की,

हम सारे हैं पुजारी,

तो बोलो जय जय जय सिया राम,

तेरा साथ रहे भगवान,

इस दुनिया में ऊँचे काम,

लेके नाम, जय सिया राम।

नहीं कभी उस राम ने,

धारा भगवा, कंठी माला,

अरे 'कर्मण्येवाधिकारस्ते' की गूँज उठी थी माया,

तो बोलो जय जय जय सिया राम,

तेरा साथ रहे भगवान,

इस दुनिया में ऊँचे काम।

तज के दुनिया,

लोग कहे माया है दुनिया सारी,

देने वाला सौंप गया,

तु करे क्यूँ आनाकानी,

तो बोलो जय जय जय सिया राम,

जय जय जय जय जय सिया राम।

समय के रथ पर डोल रही,

बैठी ये दुनिया सारी,

अरे ऊपर वाला खींच रहा,

तो क्यों न करे सवारी,

तो बोलो जय जय जय सिया राम,

इस दुनिया में ऊँचे काम,

लेके नाम, जय सिया राम,

कर ले रे बन्दें॥

"प्रियतम"

कहीं बजे जब शहनाई,

गूँजे गीतों की मधुर ध्वनि,

तन्हाई की इस बेला में

अरमानों के पंख लगाकर

उड़ जाती हूँ दूर कहीं।

चमक रहा जो दूर गगन में,

सुन्दर श्वेत सलौना चंदा,

ढूँढ़ रही हूँ, मैं भी जिसको,

क्या वो होगा तेरे जैसा।

लाखों में तु एक सही पर,

वो भी तुझसे कम न होगा,

तु तो तन से सुन्दर है,

ये गर्व तुझे खुद पर होगा,

पर मन की सुन्दर, निर्मल, पावन,

वो चाँद मेरा मन भावन होगा,

ढूँढ़ रही हूँ मैं भी जिसको

वो मेरा प्रियतम कुछ ऐसा होगा॥

"हमसफर"

पहलू में आके मेरे,

ख्वाबों को सच बना दो,

तनहा हूँ मैं सफर में,

मुझे हमसफर बना लो।

इस राह-ए-जिन्दगी का,

आसान नहीं सफ़र है,

तुम अपनी वफ़ा का बढ़कर,

दामन मुझे थमा दो,

पहलू में आके मेरे,

ख्वाबों को सच बना दो।

उज़ड़ा ये चमन भी,

वीरा है अशियाना,

महका करेगा गुलशन,

तुम आकर इसे सज़ा दो,

मुद्दत हुई है देखे,

इन बहारों की गुलिस्ता को,

रूठी हुई है ये भी,

तुम आकर इन्हें मना लो,

तनहा हूँ मैं सफर में,

मुझे हमसफर बना लो.........

आदत नहीं है मेरी,
शिकवा करूँ किसी से,
कि उफ तक न होगी,
चाहो तो आज़मा लो,
बनाकर मुझे मिटा दो या,
मिटाकर मुझे बना दो,
तुम अपनी वफ़ा का,
बढ़कर दामन मुझे थमा दो।

भरोसा है तुमको खुद पे,
तो नाज़-ए-वफा है मुझको,
कि जान भी ये दे दे,
इक इशारा तो करके देखो,
निभायेगें साथ तेरा,
के बाद जिन्दगी के,
ये शर्त है कि लेकिन,
ये फ़ासला मिटा दो।
पहलू में आके मेरे,
ख्वाबों को सच बना दो।
ये बदली जरा हटाकर,
वो चाँद जरा ला दो,
तनहा हूँ मैं सफ़र में,
मुझे हमसफ़र बना लो॥

"आदमी"

इस जिन्दगी की बस इतनी सी है कहानी,

आशाओं के सहारे तो जीता है आदमी,

दुनिया के इस सर्कस का जोकर है आदमी,

हँसते हुए मुखौटों में रोता है आदमी,

दो पल की जिन्दगी में क्या-क्या खेल, दिखाता है आदमी,

फिर भी, आशाओं के सहारे जीता है आदमी,

इस जिन्दगी की बस इतनी सी है कहानी,

जिन्दगी और मौत के बिसात पर मोहरा है आदमी,

और हार-जीत के अंजाम से देखिए बंधा है आदमी,

दुनिया के इस मंच पे तमाशा है आदमी,

वक्त के इशारों पे बेबस नाचता है आदमी,

लाखों के इस भीड़ में है, फिर भी अकेला है आदमी,

इस जिन्दगी की बस इतनी सी है कहानी,

आशाओं के सहारे तो जीता है आदमी।

कुरूक्षेत्र कि लड़ाई का योद्धा है आदमी,

कभी अर्जुन, कभी दुर्योधन, कभी धृतराष्ट्र है आदमी,

सच मानिए तो इस जहाँ में,

खुद से ही लड़ता है आदमी,

और थककर चूर जब होता है आदमी,

तब कहीं जाकर कब्र की गहराई में,
मौत की नींद सोता है आदमी,
इस जिन्दगी की बस इतनी सी है कहानी,
आशाओं के सहारे तो जीता है आदमी॥

"मुसाफिर"

मैं तो इक राह हूँ, मुझे चलते जाना है,

जाने किस मोड़ पर, मंजिल का ठिकाना है,

बीता हुआ हर लम्हा, मेरा अफ़साना है

आने वाले उस कल को, मुझे अजमाना है।

मैं तो इक राह हूँ, मुझे चलते जाना है,

बाकी है निशां उनके कदमों के,

अब भी मेरे सीने पर,

जिनको गुजरे हुए बीता इक जमाना है

मैं तो इक रहा हूँ, मुझे चलते जाना है

जाने किस मोड़ पर, मुझे फिर बँट जाना है।

कौन कहता है,

वक्त के दरिया में सैलाब नहीं उमड़ता,

इसने तो बहारो का चमन उजाड़ा है,

जिन्दगी तुझे बस इतना ही जाना है,

इस पल जो पाया है,

उस पल गँवाना है,

मैं तो इक साहिल हूँ,

जाने कहाँ किनारा है।

वक्त के दरिया में मुझे बस बहते जाना है।

खुशनसीब हो तुम,

जो मुस्कुरा रहे हो,

क्या हुआ जो ये चमन विराना है,

वरना उनको भी छुप-छुप के सिसकते देखा है,

जिनकी बांहों में ये जमाना है,

मैं तो इक राज हूँ

अंधेरो में ठिकाना है।

वरना पूनम का वो चांद तो इक बहाना है।

लिख डाली है,

किताब हमने भी अपने अफसाने की,

क्या नाम दूँ मैं इसका,

ये तुम्हें बताना है।

मैं तो इक ख्वाब हूँ,

जिसे टूट जाना है,

वरना जिन्दगी की आँखों में नींद (मौत) तो इक बहाना है॥

"कौन हो तुम"

मैंने जब से तुमको देखा है,
बेचैन हूँ मैं, मुझको चैन नहीं
जाने क्यों ऐसा लगता है,
तुम मेरे हो, गैर नहीं
मैंने जब से तुमको देखा है।
याद तुम्हारी आते ही
जाने क्या हो जाता है,
ये मन मेरा बनके पंछी,
पास तेरे उड़ जाता है।
कौन हो तुम, क्यूँ दूर खड़े हो
होले से मुस्काते हो।
जाने क्यूँ ऐसा लगता है,
तुम मुझे पास बुलाते हो।
मैंने जब से तुमको देखा है।
उलझा हूँ तेरे ख्यालों में,
तुम ही एक जवाब सवालों में,
सूने मन के दर्पण में,
मैंने देखा है, तुमको सपनों में,
शायद तुमको भी,
कुछ कहना है।

क्यों ऐसा मुझको लगता है।
खामोशी भी तेरी सब कुछ
कह जाती है, कानों में,
मैंने जब से तुमको देखा है॥

"माँ"

क्या लिखे ये मेरी लेखनी,

अब ममता के इस सागर का,

कोई आदि नहीं, कोई अन्त नहीं,

कहने को तो इस दुनिया में,

बजी कृष्ण की मीठी बाँसुरी,

पर मेरे मन की मरुधरा पर,

गंगा सी जो सदा बही,

वो तेरी प्यार की मीठी रागिनी,

क्या लिखे ये मेरी लेखनी,

जब सरस्वती के ज्ञान कोश में

तेरी ममता सम कोई शब्द नहीं

है सकल सृष्टि को रचने वाले,

तेरी हर रचना तो प्यारी है पर,

मेरी माँ सी प्यारी, रचना का,

इस सकल विश्व में जोड़ नहीं

सच कहने में संकोच नहीं,

हर बंधन का है तोड़ तु ही

पर ममता के इस बंधन का

पास तेरे भी, कोई तोड़ नहीं

क्या लिखे ये मेरी लेखनी

जीवन के इस अविराम सफ़र में
वो क्षण भी हमने देखा है,
उन आँधी तुफानों से
इस नीड़ के बिखरे तिनको को
तुमने आँचल में कैसे समेटा है।
घनघोर तमस के हर क्षण में,
तुम्हीं तो "आशा" ज्योत बनी,
मन की प्यास बुझाने को,
तुम्ही पीयूष स्रोत की धार बनी,
क्या लिखे ये मेरी लेखनी.........॥

"तराना"

ये बहती बया छेड़े कोई तराना,

ये नदियों की कल-कल,

ये सागर की धारा,

ये चिड़ियों की चहचहकन,

ये कलियों की चटकन,

ये मदहोश भँवरों का यू गुनगुनाना

ये बहती बया छेड़े कोई तराना,

ये सिंदूरी रंगत लिए शाम आयी,

कि घूघंट में दुल्हन कोई शरमायी,

कि घुघंट में दुल्हन कोई शरमायी,

ये झिंगुर के झुण्डों झंकार जैसे,

बजी हो किसी की पायल कहीं पे,

मकहती हुई ये हसीन रातरानी,

कि मदहोश में हैं, ये भी दिवानी,

ये बहती बया छेड़े कोई तराना॥

 "जिन्दगी"

ये सिमटता हुआ आसमान है यहाँ,

और जमी तंग है, ये कैसा जहाँ,

हर कोई कैद है, अपनी दिवार में,

घुट रहे है सभी, है ये कैसा धुआँ,

हर किसी को यहाँ, हर किसी से गिला,

दिल में शिकवा लिए, हर कोई जी रहा,

मिट गई है, यहाँ प्यार की दास्ताँ

वो रात की चांदनी, अब वो शबनम कहाँ?

आग की इक लहर बन गई है हवा,

राख की ढेड़ पे जिन्दगी है धुआँ,

जिन्दगी दफन है, कब्र के आशिया,

दायरों में सिमटती गयी जिन्दगी,

गम के साए तले दब गयी बन्दगी,

या खुदा चल पड़ी है, कैसी हवा,

तोड़ के दायरों की ये बेड़ियां,

बढ़ गया जो यहाँ, वो खुदा बन गया॥

"प्रकृति"

प्रकृति ईश्वर की देन है,

ये शब्द नही आसान

प्रकृति तो खुद ईश्वर है

फिर ईश्वर की देन कहाँ?

प्रकृति ने सिखाया है

जीवन का हर नया अध्याय

प्रकृति तो खुद ईश्वर है

ईश्वर की देन कहाँ?

कितनी सहनशील ममतामयी है, ये माँ

जिसके गोद में बैठे ये नन्हें

अपना अधिपत्य जमाना चाहते हैं

अपने ही भाइयों को मारकर अपना वजूद बनाते हैं।

फिर भी वो शांत है,

शांत है, खामोश हैं,

क्योंकि वो जानती है, पहचानती है,

इसका भी एक अन्त है,

फिर भी अपने इस बालक को समझा नहीं पाती है,

प्रकृति तो खुद ईश्वर है,

ईश्वर की देन कहाँ?

हर एक तुफान के साथ

वो समझा जाती है,

मत आओ अहँकार में

तुम अब भी तो कमज़ोर हो,

विज्ञान के महारथी हो,

मगर मुझको समझने में तुम अब भी अनाड़ी हो,

लड़ते हो ईश्वर, अल्लाह के नाम पर,

मुझको तुम नही पहचान पाये हो,

जिस दिन मुझको पहचानोगे,

तब तुम बहुत पछताओगे,

मत करो तुम अहँकार

तुम अमर बनकर नहीं आए हो,

प्रकृति तो खुद ईश्वर है,

तुम इतना नहीं जान पाए हो

मंदिर, मस्जिद भटकते हो,

पर इतना नही जान पाए,

प्रकृति तो खुद ईश्वर है,

ईश्वर की देन तो ये जीवन है,

जीवन जिसका तुम्हें अहँकार है,

अहँकार इतना कि तुम अपना ही वजूद मिटा रहे हो,

अपने ही ठहाकों में अपना वजूद नष्ट करते हो,

प्रकृति तो खुद ईश्वर है,

इतना नहीं जान पाए हो,

थककर, मुझको फिर कहाँ,

ढूँढते हो काशी, मक्का और मदीना में,

डॉ. दीपक कुमार श्रीवास्तव | 59

मुझको तो तुम स्वत: ही पाओगे,

जब तुम जीवन में मुझको खोजोगे,

हर एक मासूम मुस्कान में तब तुम मुझको ही पाओगे,

हर प्राणी में मेरा अस्तित्व ही पाओगे,

हर सच्चाई में मुझे साथ पाओगे,

एक बार मुझको समझने का प्रयास करो,

फिर ईश्वर तुम्हें स्वत: ही मिल जाऐगें,

शांत हूँ खमोश हूँ।

एक आशा है, तुम जान पाओगे,

आखिर तुममें भी मेरा ही एक अंश है,

जब प्रकृति को समझ जाओगे,

तो ईश्वर को खुद ही पा जाओगे॥

"शिला"

मैं शिला अंगार पथ की,
आधार हूँ, जीवन विरह की,
अमिट क्रन्दित छाप तन पे
अभिलेख हूँ, बीते युगो की,
मैं शिला अंगार पथ की,
पुँजस्थली में बिषम ज्वाला की,
रागनी मैं विरह गान की,
विकट हाहाकार मन में,
अडिग साधे मौन फिर भी,
मैं शिला अंगार पथ की,
अश्रुओ पुरित नेत्र मेरे,
बन धरा पे स्रोत बहते,
हूँ समय की स्मृति लेख सी,
मरूस्थला की ज्वलित रेत सी,
खंडित मेरी आत्मा को,
फिर कोई आकार दे जो,
करूण क्रन्द्रित प्रार्थना को,
फिर कोई स्वीकार ले जो,
तलाश है, मुझको अभी भी
ऐसे निराकार की,

मैं शिला अंगार पथ की,
गौतम ऋषि का श्राप हूँ मैं,
तड़ित मन की आस हूँ मैं,
केवल चरण रज कामना से,
निष्पात तकती राह जिसकी,
जड़ित तन की इस हृदय में,
अंकित है छवि, है राम तेरी
मैं शिला अंगार पथ की,
अपूर्ण प्रतिमा हूँ समय की,
साक्षी हूँ बीते युगों की,
फिर कोई आकार दे जो,
रंजित चरणों से तार दे जो,
तलाश है, मुझको अभी भी,
ऐसे किसी फिर राम की,
मैं शिला अंगार पथ की॥

"बेगाना"

जब शाम हुई मध्यम-मध्यम,

तेरी याद सताती है,

मैं जब भी देखूँ, तस्वीर तेरी

मेरी सांसे थम सी जाती हैं।

ढूँढा करते हैं, अक्स तेरा,

हर रात, चाँद सितारों में,

पूछा करते हैं, हाल तेरा,

इन बहती ठंडी हवाओं सें,

हाल न पूछों इस दिल का,

हम खोए-खोए रहते हैं,

लोग कहे, हमको दिवाना,

और "वो" बेगाना कहते हैं,

जब शाम हुई मध्यम-मध्यम

तेरी याद सताती है॥

"वे हम पर क्यों गुस्साते हैं"

हमारे पिताजी को हमसे शिकायत है
कि हम बड़े नालायक है
क्या करे हम भी, हिन्दुस्तानी तहज़ीब में,
उनकी हर बात जायज है।
उनका हमारे बारे में ख्याल है कि
हम पिचके हुए फुटबॉल है
हवा भरी नहीं की उछलने लगे,
हवा सरकी नहीं कि फटी हुई ढपली
की तरह बजने लगे।
अब ख्याल तो बस ख्याल ही होता है,
तभी उसमें पका पुलाव जायकेदार होता है
उन्हें क्या पता कि हम
पढ़ने में बढ़े शूरवीर है
अंग्रेजी हिन्दी में तो हम रणवीर है
पर गणित को हम जरासंध मानते है
इस लिए इस विषय में
हम हमेशा "रणछोड़" बन जाते है।
इस बात से हमे एक किस्सा याद आता है
उस वक्त हम चौथी कक्षा में शोभायमान थे

शैतानियों के 'हिट लिस्ट' में हम विराजमान थे
एक दिन हमारे पिताजी ने हमे पढ़ाने की ठानी
इस जोश का कारण था,
मेरी माँ ने पिलाई थी उलाहने की टॉनिक
अब हमने भी बुद्धिमानी दिखाई
अपनी मनपसंद किताब हिन्दी थमाई
पर हाय री किस्मत
गणित की किताब ही उनके मन भाई,
हमने कहा-'डैडीजी क्यो सर खपाते है?
इसके सारे सवाल तो हमे आते हैं।
उन्होंने कहा "चलो फिर तुमको हम
"सिम्पलीफिकेशन' सिखाते हैं।
उन्होने एक हल लगाया पीछे से नकल मारकर,
उत्तर मिलवाया।
दूसरे में भी उन्होने यही "फार्मूला" लगाया,
हमें उनका ये तरीका बढ़ा रास आया,
उन्होंने पूछा "समझ में आया?"
हमने कहा "सब समझ में आया"
और ये कहकर अगले ही क्षण आफत मोल मंगाया,
लगाकर हमे दिखाओ,
शान से हमने भी उनके नक्शे कदम को अपनाया,
आगे से लगाकर पीछे से मिलवाया,
सारा जोड़तोड़ लगाया
पर हल पकड़ में नहीं आया,

डॉ. दीपक कुमार श्रीवास्तव | 65

पिताजी को बताया,
उन्होंने भी ऐड़ी चोटी का जोड़ लगाया,
पर सवाल का तोड़ नजर नहीं आया,
इस नाकामयाबी पर उन्हें बढ़ा गुस्सा आया
इतने में हमारे शैतानी दिमाग ने,
कमाल दिखाया और,
खी......खी......करते हुए अपना दाँत दिखाया,
एक तो न सवाल का तोड़
ऊपर से हमारी नानस्टॉप हंसी का विस्फोट,
बस फिर क्या था,
कुरूक्षेत्र के मैदान की तरह,
उन्हैं हमारे दोनों गाल नज़र आए,
फिर जो कसकर हांथ जमाए,
उसके बाद से आज तक हम गणित का
जोड़-गुणा, घटाना भाग नहीं कर पाये,
आज भी हम उन्हीं के नक्शेकदम,
पर चलकर दिखाते हैं,
पर फिर भी हम समझ नहीं पाते है,
कि वे हम पर क्यो गुस्साते है,
वे हम पर क्यो गुस्साते हैं॥

"आँसू"

मुशकिल के इस अंजुमन में
तकलीफ बस इतनी है,
दर्द तो सहना है, मगर,
आँसू बहा सकता नहीं।
यह तो मेरी आँखे है,
जो कयामत भरपाती है,
दिल जब भी मेरा रोता है,
यह आँसू सारे पी जाती है।
दर्द ने दस्तक कई बार दिये, दिल पे,
पर आँखो ने उसे समझा ही दिया,
वो जाते-जाते रूक भी गये,
पर आँखों ने उन्हें इंकार ही किया।
मैं मजबूरी की रातो में
हौंसलों की चादर बुनता ही रहा,
कई तार छटे, कई पेबंद लगे,
पर दिल को कई अघात मिलें॥

"बन्जर"

कौन कहता है, बन्जर पर तिनका नहीं होता,

कौन कहता है, यहाँ हिमालय खड़ा नहीं होता,

तु हिम्मत तो कर, कोशिश तो कर,

देख तेरी हिम्मत के सितारे, तुझ से क्या कहते है।

तु जहाँ है, वहाँ कल कोई और था,

तु जहाँ होगा, वहाँ कल कोई और होगा,

गम न कर, हिम्मत ना हार,

ये एक सिलसिला है,

जो चल रहा है, और चलता रहेगा।

है छिपा चाँद बादलो में,

मत हो निराश, छठ जायेगें ये बादल,

उठा लो तुम अपना हांथ,

कौन कहता है, बन्जर पर तिनका नहीं होता॥

"सपने"

मैं सपनों का सौदागर,

सपने लेकर आया हूँ,

कुछ टूट गये,

कुछ बिखर गये,

मैं इन्हें संजो कर लाया हूँ।

मैं सपनो का सौदागर,

सपने लेकर आया हूँ,

क्या तुम इसे खरीदोगे...........?

मेरे सपनों में नभ की बाते,

क्षितिज मापदण्ड है इसका,

सागर सी गहराई इसकी,

पर्वतो सी ऊँचाई होगी,

ऐसे सपने लाया हूँ,

क्या तुम इसे खरीदोगे.............?

मैं सपनो का सौदागर

सपने लेकर आया हूँ॥

"गाँव"

कहीं किसी के नाम पर,
एक छोटा सा ग्राम था,
कहने को तो थोड़ी आब़ादी,
पर वो पूरा झाम था,
सड़के उसकी कच्ची-पक्की,
खेतो में नालों सी सच्ची,
गढ्ढों से खुशहाल बनी,
बिना मौसम के तरनताल बनी,
गाँव के सीमा को रेखांकित करती थी,
आगे गली जो बाए मुड़ती,
उसमें मल्लटो मच्छरो की छोटी सी बस्ती थी,
आगे चल कर टूटे-फूटे झोपड़े का वो फार्म था,
कहने को तो थोड़ी आबादी,
पर वो पूरा झाम था,
रूकती-चलती साँसों की सी,
किनारों की संरचना था,
अंदर से आती थी,
हुक्कों की गरजना थी,

वो मंच पे बैठा, अपने मूंछे को यूँ नाप रहा,
कहने को तो थोड़ी आबादी,
पर वो पूरा झाम था॥

"तमन्ना"

रखो कदम सितारो पर
यही तमन्ना रहती है।
शिश चाँद सा उज्जवल हो,
यही तमन्ना रहती है।
जब भी उठे कदम तुम्हारे,
जन्नत नापने के काबिल हो,
हाथ जहाँ भी उठे तुम्हारा,
कई गुरब़त का सहारा हो,
दिल कमल सा रहे तुम्हारा,
मस्तिक सूर्य सा उज्जवल हो,
मन जब भी तेरा उड़ना चाहे,
सारा गगन चमन सा हो,
नहीं जहाँ काँटे मिले,
दिल तेरा वतन वहीं कहीं पर हो,
होता जो दिलदार खुदा मैं,
यह देता तुझे तिलस्मी वरदान,
रहो चमकते हर दम तुम
नहीं बुझे यह तेज तुम्हारा,
रोशन हो सारा जहाँ जब,
नाम "अनु" का हो वहाँ॥

"जीवन"

जीवन के अधर पे क्या कोई

जीवन के बहाने लिखेगा,

जो खुद क्रियाओं से वंचित हो,

वो लोगों के फसाने क्या लिखेगा,

जो मिट्टी की खुशबू सीने में,

अपनी समा न सके

वो हरियाली के बादल की

संरचना कहाँ से लिखेगा

जिसने नीर को नीरस

प्रकृति को पीड़ित समझा

वो पर्यावरण की विरलता से,

उसकी विलक्षणता कहाँ से लिखेगा,

जीवन के अधर पे क्या कोई

जीवन के बहाने लिखेगा॥

"दीपक"

दीपक जला तो क्या जला,

जो भेद न पाया अंधेरा,

दीपक जलो, तो कुछ ऐसा जलो,

की तार-तार हो अंधेरा,

हर क्षितिज पर तुम दिखते हो,

चाहे कैसे भी जलते हो,

अंधेरा कुछ न कह सका,

और भेद दिया तुमने सदा,

विश्वास का तेल धरो दिल में,

और मेहनत को तुम बाती बुनो

चिंगारी लो किस्मत से,

और जलो तुम कुछ ऐसा जलो,

की तार-तार हो अंधेरा॥

"नहीं जानता"

नहीं जानता आज यह,
सूरज क्यों निकला है?
नहीं जानता यह अँधेरा,
कयों फिसला है?

नहीं जानता इन भरे आँखों ने,
क्या खोया है.............?
शायद कुछ टूटा है, या
छूटा है,

नहीं जानता आज यह "दीपक",
क्यों फूटा है..........?
शब्द निशब्द
के ध्वंद में कुछ छूटा है,
शायद कहीं कोई रूठा है॥

"चिराग"

बस यही सोचा था मैने, बस यही पाया है मैंने,
चाँद उठ गया गगन में,
इधर रात का अंधियारा,
उधर प्रकाश का उजियारा था।

वही कोई सफेद कलस्तर में,
भरा हुआ मानो हिम का टुकड़ा,
गिरा चला आ रहा हो, कहा
सुनो मैं भी पराजित हूँ।
लड़-लड़ कर अंधेरों से
उजियारो में आया हूँ।

रंग रंगीली जिंदगी को छोड़,
नरक में आ पड़े हो तुम,
रात के अंधेरों से गुजरते हुए,
क्या थक चुके थे, तुम

बिजलियाँ अनेकों कौंधी,
सरसराती बाणों जैसी,
रात का चशमम लपेटें,

चल रहा था, कोई युगल पै,
धीरज का पोशाक धारे,

या कोई नर था, या कोई पुरूष,
कहने लगा, मत रूको, रूकना बेकार है,

रूक गए थे तुम यहाँ,
इसलिए यह हाल है,
रात में चिराग जलाकर,
सो गये थे, तुम यहाँ
उठा कर ले गया कोई,
तुम्हारे जलते हुए चिराग को,
दूर अंधियारो में जलता हुआ,
वो छोटा सा चिराग था,
अचानक बुझ गया वो

आँधियों के झंकार में,
यहीं से निकला, यहीं दफ़न कर दिया गया!!
मत रूको, रूकना बेकार है॥

"पहली बार"

आज पहली बार जब मैंने घटा पर अपना प्यार बिखराया,

मुझे ऐसा लगा कि मैं लुट गया हूँ,

पता नहीं, सब जानकर भी लुटता रहा,

आज पहली बार जब मैंने घटा पर अपना प्यार बिखराया।

लुट गया सब, आँख तब मेरी खुली,

जानकर मुझको पता नही क्या हो गया,

सोचा था, है भाई-बन्धु सब मेरे,

इसलिए उनके हांथों लुटता रहा,

सबके दुख-दर्द में शामिल हुआ,

पर आज मेरे पास जब कुछ नहीं,

बैठ गए थे मुँह फूला के भाई मेरे

कहने लगे कि तु है मूर्ख बड़ा,

तूने उनको सहारा दिया,

जो थे कभी न बेसहारा,

जो थे भूखे नहीं,

तूने तो सबका सिर झुका के आदर किया,

पर आज तू सिर उठाकर देख ले,

मैं हूँ कौन? और तू अपने आप को पहचान ले,

बस इसी मोड़ पर आज मैं समझ पाया,

कोई नहीं है इस दुनिया में अपना,

आज पहली बार जब मैंने घटा पर अपना प्यार बिखराया॥

"सोच"

आती हवाओं से क्या गंध आयेगी,

बस सोच, आज इसी का है,

आती सुबह कैसा सूरज लाएगी,

बस सोच आज इसी का है।

वह कौन सा लम्हा है जो,

खुशियों का शौगात लाएगी,

बस सोच, आज इसी का है।

वह कौन सी घड़ी है जो मुझे,

इस इंतजार का मीठा फल खिलाएगी,

बस सोच, आज इसी का है।

बस डर यही मुझे रहता है कि कहीं,

यह सोच मेरे सोच में ही दफ़न न हो जाए,

हर गुज़रते पल के साथ,

एक उम्र गुज़र जाती है,

बस सोच, आज इसी का है.................॥

"कविता"

सोचता हूँ बार-बार, लिखता हूँ क्या मै यार,

मन की बहार भी तो लिखती हैं कविता,

लिखता हूँ बार-बार, लेकिन ये हर बार,

मन की व्यथा ही बन जाती है वो कविता,

शब्दों के जाल-जाल, लेकिन ये हर बार,

फँस कर व्यथा बन जाती है वो कविता,

थक कर, रूक कर, सोचता हूँ इस बार,

कविता में प्रणय-प्रसंग लिख डालूँ मैं,

बिक कर रोटियों का जाम हो जावेगा जब,

मन की बहार में तब ढालूँगा मैं कविता,

सोचता हूँ इस बार लिख दूँ कुछ ऐसा यार,

देश के बहार में फुहार मेरी कविता,

और माँ के चरणों पे शहीद होने वाले को

भेजती है छोटा सा प्रणाम मेरी कविता,

लेकिन ये बार-बार, मन में अनेक सवाल

जाने ये कहाँ से उठाती है ये कविता

"दीपक" के मन ओट छिप के बहार को

दुलार करके बुलाती है ये कविता॥

"सूरत"

किसी सूरत को देखा, तो दिल यह कहने लगा,

कहीं कोई चाहत दिल में छूट तो गई है,

शायद तमन्ना इसी की थी,

जो आज यूँ ही चलते मिल गई है।

आज आरजू़ नहीं है आपकी,

ऐसा कह टालूँगा नहीं

पर है, ऐसा कह कर आपको

पालूँगा नहीं।

रूखा है रुख, रूखा है दिल,

चाहत नहीं थी किसी आरजू़ की

क्यों आके अस्क

आईने में दिखला गए।

ऐसा तो नहीं था, कि हम अकेले रहे

रहे दोस्तों में, मगर तनहा ही रहे

तुझे देखा तो, भूलना आसान तो नहीं था

इस लिए अपनों से दूर, तेरी यादों में खोए रहे॥

"तलाश"

आज तो हालत यह है
कि बस रोशनी की दरकार है,
गुम हुई है आरजू जो
बस उसी की तलाश है।
मैं तो सोता, सहसा जाग बैठा
हूँ आज,
पर आँखे खुली हैं या बंद
बस इसी का फिराक है।
बारिशे बहोत देखी,
बाढ़ भी देखे बहोत,
सुखे से निबटा आज तक,
पर बारिशों में बाढ़ हो,
या सुखे की बोछार हो,
बस इसी की तलाश है॥

"हम कहाँ खोए थे"

हम कहाँ खोए थे,

कि तुमने हमें जगा दिया।

हम कहाँ रोए थे,

कि तुमने हमें हँसा दिया।

जिसका कर रहे थे, इंतजार,

आए न वो खुदा बनकर

रोये कहाँ थे,

जो आँखों से आँसू टपका दिया

सजाओ के कुर्तों में अपने आप को

ओझल किया,

खून की बूँदों को टपका कर

अपने आप को लांछित किया,

इंसान से मुज़रिम बने

शैतान भी बनते गए,

रात बीती और काली

शमा भी जलते रहे,

अँधेरों से फिर उज़ाले की तरफ

कभी न बढ़ सके,

हम कहाँ रोए थे
कि तुमने हमें हँसा दिया,
हम कहाँ खोए थे,
कि तुमने हमें जगा दिया॥

"भगवान बनना चाहता हूँ"

जब तुमने तनहा की बात कही थी,

तुम्हें छोड़ जुदा हो चले थे हम,

आज हम फिर तनहा है,

क्या! जुदाई फिर लौट के आएगी।

पर रसूले अल्लाह क्या भूल गये मुझको मैं वो हूँ।

जिसको तुमने सहारा देकर उठाया था,

तुमने जिसे अपने गोद में बिठाया था।

एक माँ की भाँति माथे पर थपकी देकर

सुलाया था।

एक पिता की भाँति अपना प्यार जताया था,

परन्तु! आज ये बदलाओ क्यूँ।

क्या भूल गये मुझको,

मेरी आत्मा कहती है,

खुदा हमेशा साथ है,

पर! आज मैं परेशान क्यूँ हूँ।

क्या यह मेरी परीक्षा है,

या स्वार्थ का परिणाम है,

मिश्र के रोमो में बस रहा मेरा अहंकार है,

नही! बस अब मैं भूल जाना चाहता हूँ,
दुनिया से निकल कर भाग जाना चाहता हूँ,
मैं हूँ इंसान दुनिया से निकल कर
भगवान बनना चाहता हूँ॥

"महफ़िल अज़ाम की"

महफ़िल अज़ाम की बनी

खुलेगी सरेआम कहा गया,

बेसुमार दौलत लुटेगी

गरीबों में बाँटी जाएगी कहा गया,

मनिस्टरो वफ़ादारों को इस काम में लगाया गया,

इस लिए उन्हें सरहदों पर बुलाया गया।

पर यह क्या, दरबार खुला,

दौलत लुटा, पर गरीबों को न मिला,

रोते बिलखते चले जा रहे थे वो।

अपने घर को आबाद,

दूसरो को निलाम किए जा रहे थे,

देश को निचोड़े,

वह देश भक्त जा रहे थे.........

वह देश भक्त जा रहे थे.........॥

"आग तो बुझती नहीं"

आग तो बुझती नहीं,
क्या मसाल भी जलाओगे।
खुदा के कब्र पर अपना,
रूह भी चढ़ोगे।
खुदा क्या चीज़ है,
निर्धन की वह मशकियाँ।
जो राह पर ले आती हैं,
जम-जम की आवो हवा।
जो राह के राहगीरों को,
जम-जम पिलाती है।
या खुदा वह चीज़ है,
जिसको ना कोई पा सका।
या परवरदिगारें आलम,
तेरा दिदार न हो पा सका।
अपनी उल्फ़त में तेरे,
दिदार को तरसते रहे हम।
तेरे मज़ार पर खडे,
तरसते रहे हम।
आम तेरा नज़रिया जान के,

चुप-चाप सरकते रहे।
अपनी उल्फत को लिए तेरे,
मज़ार पर भटकते रहे हम।
आग तो बुझते-बुझते,
बुझ चुकी थी।
पर मशाल कि लौं अभी जल रही थी
जलते-जलते वह इतनी दूर तक जल चुकी थी
कि मशाल के साथ मुठ भी जल रही थी॥

"रोते रोते हँसना"

सुना था हमने एक दिन यह पुकार

रोते रोते हँसना सिखो,

हँसते हँसते रोओ ना,

लेकिन असलियत के,

बदनुमाईश जिन्दगी का,

बिना रोए किसने किया है स्वागत,

हर आदमी की एक मुस्कान के पीछे,

ना जाने कितने गम छुपे हुए है,

हर हस्ती का एक अन्त आँसू भिगोए हुए हैं,

हर रूद्र चेहरा आज यह पहचानता है,

हर आँसू बोक्षार वो जानता है,

फिर भी कत्ले आम हर जगह हुए है,

फिर भी लहू की बोक्षार हर जगह हुई है,

फिर भी हर जगह खुदी है मिट्टी,

ना जाने इस आभाग्य का कहाँ हैं अन्त,

हर रोज कोई मरता है, हर रोज मातम बनते हैं,

हर जगह विधवाएँ रोती है,

हर जगह अनाथ बिलखते है,
यह सब देखकर ना जाने यह पुकार,
दिल में मेरे खो सी गई है,
रोते रोते हँसना सिखो...........॥

"मंजिल"

मुश्किल नहीं है जानना बस समझने की देर है,

मशक्कत बड़ी की तुमने इस महफिल को सज़ाने की,

नहीं आरजू पे रोएगा, न बंदा परवाज पर,

नहीं बिलखेगी मिट्टी, न फूटेगा टाट तो।

बस कोशिश करो, और करते चलों,

कहीं मुकद्दर की मंजिल मिलेगी जरूर,

कहीं दूर आँधी से चिलमन से झाँक कर,

गले तुमसे मिलने आएगी मुकद्दर से भाग कर,

बस कोशिश करों।

आँधी बनो, तुफ़ानों से टकराने की हिम्मत करो,

मंजिल करीब हैं,

थामों समय को और जोर से और जोर से॥

"क्षितिज"

जिन दुरियों पर क्षितिज जाती नहीं,
उन दुरियों तक मेरी पैमाइश देख लो,
अगर देखना हो, मेरी उड़ान को,
सारे नभ की गहराइयों को देख लो,
मैं बहोत प्यासा रहा आज तक,
पर नीर की एक बूँद थी काफी देख लो,
जिन परों को थामा था, तुमने कभी,
उन परों की आज व्याख्या देख लो,
मैं मूँद लेता आँख अपने जान कर,
थी बहोत वो दुरियाँ, मैं जानता था,
पास आने की तमन्नाओं में मैं,
थक गया हूँ, सोचता हूँ कुछ और कर लूँ,
मगर विश्वास का परिसंस्कार मेरा देख लो,
उड़ रहा हूँ उन ऊँचाई में मैं,
जिन ऊँचाईयों को क्षितिज भाँपता है,
नापने की हो अगर हिम्मत तुम्हें,
तुम मेरे परवाज़ो को देख लो॥

"सोच"

आती हवाओं से क्या गंध आएगी,

बस सोच आज इसी का है।

आती सुबह कैस सूरज लाएगी,

बस सोच आज इसी का है।

वह कौन सा लम्हा है जो,

खुशियों का शौगात लाएगी,

बस सोच आज इसी का है।

वह कौन सी घड़ी है जो मुझे

इस इंतजार का मीठा फल खिलाएगी,

बस सोच आज इसी का है,

बस डर यही मुझे रहता है की कहीं,

यह सोच मेरे सोच में ही दफ़न न हो जाए,

हर गुज़रते पल के साथ एक उम्र गुंज़र जाती है,

बस सोच आज इसी का है॥

"चलूँगा साथ-साथ"

चलूँगा साथ-साथ मैं धरा के उस अँचले

जहाँ पे खत्म होती है दुनिया की सारी मंजिले

चलूँगा साथ-साथ मैं धरा के उस अँचले।

वो सामने मेरे है बैठे, बात यूँ ही कह चले

कि धार अश्को की लगातार बह चले

आँख नम हुए पडे हैं, लाल सुर्ख़ होंठ हैं,

वो आज पास थे मेरे, क्यों दूर मुझसे हो गए,

चलूँगा साथ-साथ मैं धरा के उस अँचले।

सिलसिला वादों का खत्म हुआ आज से,

वो बात ज्यों-ज्यों कह रहे, धार अश्क बह रहे,

मैं पास-पास हो रहा, वो तार-तार हो रहे,

चलूँगा साथ-साथ मैं धरा के उस अँचले।

कि दर तेरे मैं आया हूँ, सवाली बनके प्यार में,

मैं धरा का जर्रा हूँ, तुम आफ़ताब अँचले,

कहा था, साथ-साथ चलोगे हर मंजिले,

जहाँ पे खत्म होती है, दुनिया की सारी महफिलें,

चलूँगा साथ-साथ मैं धरा के उस अँचले।

सुनो! अकेला चल पड़ा हूँ, चल सको तो चल पड़ों,

कि साथ देना हर जगह, जहाँ पड़ेगी मुश्किलें,

तेरा ही आश दिल में मेरे धार बनके बह रहा,
बस एक बार कह तो दो,
सुनों की साथ चल पड़ो
कहो कहा तुम्हीं ने था......
चलूँगा साथ-साथ मैं धरा के उस अँचले॥

"हृदय व्यथा"

हृदय व्यथा क्या लिखता कोई,

क्या किसको, क्यों बतलाता कोई,

न फूलों की सेज़ बिछी थी,

न दूबो की हरियाली थी,

काँटों के बिछे हुए दामन में,

कैसे किसे बुलाता कोई,

मुश्किले न थी डगर शिखर की,

आशक्त मन भी न झेला था,

पग धीरे-धीरे बढ़ते फिर भी,

मंजिल तक तो जाता कोई,

पर नीयती की डोर कसी थी,

कैसे गगन तक उड़ पाता कोई,

कहो! क्या हृदय व्यथा सुनाता कोई।

विपदा की हर क्षण में,

सांसो की डोर पकड़ कर के,

अरूणीम किरणों की छाती पर,

घुटनों से रेंग रहा कोई,

रक्तवर्ण की काया में,
लिपटा कोई आता तो भी,
हालत उसकी ऐसी होती की
कहो! क्या हृदय व्यथा बताता कोई.............॥

"जीवन"

जहाँ तक नही पहुँचती मेरी नज़र,

नहीं पहुँचती मेरी सोच, मेरी कल्पनाँए,

वहाँ भी सांस लेता होगा जीवन,

जिन जंगलो में, भटका नहीं मैं,

वहाँ भी पेड़ों से छन कर धूप गिरती होगी,

वे शहर जिनमें अभी जाना हैं मुझे,

कई दुख वहाँ मेरी राह तकते होंगे.........,

अभी जिन्हें देखना बाकी है,

वे दृश्य कहीं न कहीं जमे हुए होंगे,

जो बाते अभी सोची नहीं हवा में अदृश्य,

वो मेरे आसपास ही मंडरा रही होगी...........,

जिस जीवन पर चलना है, मुझे,

उस पर अभी हल्के-हल्के रास्ते उभर रहे होंगे,

इन रास्तो पर जो बारिश होनी है,

वह महासागरों में भाप बनकर,

अभी हवा में उठ रही होगी,

जो सुख मेरे नाम लिखे हैं,

वह मेरा ठिकाना पूँछते भटक रहे होंगे कहीं.............,

घटनाओ का एक चक्रवात,
कहीं से मेरी ओर बढ़ता आ रहा होगा,
और जो ठंडी छायाँए मेरे नसीब में है,
वे अभी कहीं पेड़ो पर अंकुरित हो रही होगी॥

"आईना"

आईनों ने जब से मेरे अस्को के हकुक माँगे,
मैं तो उनके सामने जाते भी घबराती हूँ
जो दिख भी जाते हैं वो सामने आते हुए
मैं झट राहें बदल कहीं गलियों से निकल जाती हूँ।

'इंसान"

फितरत इंसान की हर बार ऐसी ही रही,

जो मिल भी गया, फिर भी रोयाँ

बात रोटी की रही, हर बार एक ही रट,

तु भी कैसा है खुदा, क्यों न बेपेट कर देता इन्हें,

यह भूख ही तो सारे फ़साद की जड़ है,

यह ही न रहे तो, इंसान तो इंसाफ है,

"समझ"

मै क्षितिज से किनारा तो हो आया था,

पर किनारों से अब तक वाकिफ़ नहीं।

मैं समुन्दर के गहराइयों में गया,

पर समुन्दर हैं गहरा, यह जाना नहीं।

दूर तक ही गगन को समझता रहा,

पर समझ से न अपनी मै वाकिफ़ रहा।

जिस घड़ी देखा तो देखा खुदा,

उससे जुदा होना गवारा नहीं,

आइनो में एक अस्क उभरी है, अभी

उसका उन शख्सो ने होना गवारा नहीं।

मैं चांद से भी तो किनारा हो आया था,

पर सूरज तापता है, उसको यह जाना नही।

भास्कर की तपन देखता हूँ अगर,

मुझको अग्नी से मिलना गँवारा नहीं।

मैं तो सदियों से किनारा तो हो आया था,

पर वक्त है वो आँधी, जो जीवन का पहिया बनी।

इस तथ्य को मैने अभी जाना नहीं॥

"आशा"

वो थाल तारों की टिमटिमाहट से,
शायद भरी हुई थी,
उसने उसे मेरे सामने रखने से पहले
कई बार इस आशय से टटोला था।
कि न जाने कहाँ सूरज उसकी,
हाथों के अहाते में अटक जाऐ,
मैंने उसकी आँखों में एक आशा,
की किरण देखी थी,
वो टुटना नही चाहती थी,
पर तंग वक्त के गलियारों से,
वो गुज़रने के काबिल नही थी,
मैने एक मोती, उसकी आँखो,
से ड़ुलकते देखा, मैने आशाओं,
को निराशाओं में बदलते देखा,
मैं हताश था अपनी राहो से,
जो मुझे बडी दूर उन उम्मीदों,
से ले आये थे, जिनके सहारे,
कोई उठने का ख्वाब बुनता हो,
मैंने सपनो में कई स्वर्ग ज़मी पर देखे थे,

और नरक दिवाउज़ालो में,
हर राह गुज़र उसकी आश की थाल थी,
शायद अबकी बार,
तारो की थाल में सूरज मिल जाए,
हर ठोरे सहारे की उम्मीद,
उसकी आँखों में तैरती लकीरों,
से मिली थी,
वो उम्मीद के दामन के सहारे,
रेगिस्तान की गरम सतह,
पर उन तारो की सतह की आश में,
चल रही थी,
कि शायद उन बँजरो में चाँद की,
एक लौ मिल जाए और,
ढूँढती हांथो के अहाते में सूरज,
अटक जाए॥

"शायद"

रात के अँधियारों मेंत्र चांद दबे पाँव मेरे
आँगन में उतरा,
सहसा जाग कर मेरी इंद्रियों ने उसके
आने के आहट को सुन लिया,
मैं मौन था, क्योंकि वो आज पहली दफ़ा
इस तरह आँगन में उतरा था,
मैने एक शान्त लेखनी, उसके तस्तरी
में उलटी देखी थी,
वो शायद कुछ लिखना चाहता था,
पर नकारा हुई कोशिशों से टूटा,
आखिर उतर आया था,
मैंने कई बार रात उसे दूर तड़पते देखा था,
चाहा था कि उसके चेहरे पे पड़े
उन धब्बों को ढाप दूँ
कई बार अपनी लेखनी से उसे
मनमोहनी मन भावनी लिख चुका था,
पर सब व्यर्थ, वो इसे स्वीकरना
नही चाहता था,
वो कुछ नई रंग और नई उम्मीद

को जगाना चाहता था,
चाहता था कि उनकी खुबसूरती
उन दब्बों में लिखी जाय पर.........
सारी कोशिशों के बाद
आज आधी रात चाँद मेरे आँगन
में उतर आया था,
और मेरी ज्ञानेंद्रियों ने मुझे
उसके हारे हुए होने का एहसास भी कराया था
पर मैं खामोश उसकी,
उसकी नई सुबह का इंतजार करता रहा......॥

"आशीर्वाद"

हर सुबह तेरी खिली रहे,
हर शाम तुझे मुस्कान मिले।
हर आरजू तेरी पूरी हो,
यही सब का आशीर्वाद रहे॥
तु खिले कमल सी,
चमके सूरज सी।
समुचे आसमान पर छाई रहे,
यही रहे आशीर्वाद तुझे॥
तु बन मुस्कान जग को बाँटे,
तेरी हर सुबह सुहानी हो।
तु जिधर निकले, गुलाब खिले,
यही तुझे आशीर्वाद मिले॥

"धुरव तारा"

मैने चाहा में नभ पर उँड़ू
गगन को चूमू,
पंखों पर फिर जोर लगाया
सारा गगन हिलने को आया,
हवा जो बैठी मौन, अभी तक
लगी ठहाका देकर हँसने,
बादल जो खामोश खड़े थे
चहक उठे तितली के माफत
मैं पंखों के बीच सिमट कर
देखता रहा चतुराई इसकी,
सोचता यह प्रतिकूल समय है
साहस करूँ या मौन रहूँ
मेरी इस विपदा मै आकर
अतंरमन की आवाज आई
कोशिश कर के देख, तु एक दिन,
सम्भव है, सभी विघ्न हटेंगे
छाया बादल फिर सिमटेंगे
सूरज की छटा निखरेगी,
सारे आकाश पर जा बिखरेगी,

कई तारे उसमें चमक उठेंगे
श्शशायद उसमें तु भी होगा,
एकांत खड़ा किसी मौन क्षितीज पर
क्या जाने वो "धुरव तारा" तु ही होगा॥

"शब्द निशब्द"

1. ऐ क्या कहूँ तुझे

मैं इस काबिल नहीं

तुझे खुदा ही देगा

मैं खुद उसका मोहताज हूँ॥

2. अगर फितरत में जज्बा है,

मुमकिन सभी उड़ान होगी,

ऊँची नहीं कोई भी मंजिल

बस! मुट्ठी में आसमाँ होगा॥

3. कोई कहदे की बवंडर ने आग को जलाया है,

वो तो बहोत शांत थी, इसी ने उसे भड़काया है,

पर कोई क्या जाने,

इस आग ने किस-किसका घर जलाया है,

अखिर भड़कने से पहले भी,

इसने एक तिनके को झुलसाया है॥

4. देखता हूँ गर अगर किस्तम को मैं बार-बार,

सोचता हूँ, है क्यूँ ऐसा यह हर बार॥

5. न दामन पकड़ सका, न दे सका आवाज़
कोई बहोत पास से, गुज़र कर चला गया॥

6. लक्ष्य जब नभ पर जाने का हो,
तो तारों की फिकर फिर कौन करे,
सूरज पर आँखे अटकी हो,
तो चंदा की फिकर फिर कौन करें॥

7. अब हमको कहाँ मिलेगी जिन्दगी की ठोर,
ठिकानें ढूँढ़ते-ढूँढ़ते जिन्दगी गुज़र गई॥

8. न आहट न आवाज
बहुत दिनों के बाद आज
मेरे घर का मेहमान
मेरे सामने आज बैठा है॥

9. कुछ देर चलो संग हमारे
हम दिल की कहानी कह देंगे
जो बाते आँखे कह न सकी
वो बात जबानी कह देंगे॥

10. कौन कहता है कि इरादों में,
मश्कत नहीं थी हमारी,
यह तो बामुश्किल मौका ही लगा,

वरना इंतजार कर रहे थे हम,
नहीं चाहत थी सूरज के आगोश में सोय,
नहीं आरजू थी कि चाँद उतरे मेरे ज़मी पे,
नहीं मौको की बात की मैंने कभी॥

11. हमने तो हर मुमकिन कोशिश कर,
के देख ली, बने तो बनाए,
नही तो छोड़ जाना अच्छा,
उनके मुहल्ले में, एक छोटा सा दरिया था मेरा,
पर जब कुनबा ही रूठ गया,
तो गली छोड़ जाना अच्छा॥

12. 'माँ' सच में अनमोल है,
जिसकी कोई विशाद नहीं,
जो पुण्य करता हैं, सो पाता है,
यह भगवान का प्रसाद है॥

13. दुआ मेरी भगवान से है,
ऐसी किसी को सज़ा न देना,
जो दिल पे चोट सहे,
और भूख से हँसता रहे॥

"सूरज"

कई लोग तुम्हें समझें कुछ भी,

पर तुम सूरज हो, यह मानों मन से,

अरूणीम तेरी बहुत मद्धिम है,

कई लोग इसे समझे ऐसे,

पर भास्कर अपने उज्जवलता पे

आता मध्य नभ पर ही है।

शितलता तेरी माघ महीने सी,

यह बात अक्सर वे भुलते हैं,

असलियत अषाढ़ महीने की,

उनको तुम दिखला देना।

अभी इंतजार करने दो,

अभी भोर की बेला है,

दोपहर तक सब अलबेला होगा॥

"चंद्रमा"

ऐ चंद्रमा तु सुन जरा,
तु वसुंधरा को लपेट ले।
जो अश्क खिलता हो तेरे में,
उस रागनी को लपेट ले।
तु सुन जरा जरूरत नहीं,
तेरी किसी भी बात की।
तु आ गया है राह में तो,
बात सुन लें फिर मेरी।
चाँदनी की रागनी पे,
झूमता मलंग है।
मैं क्या हूँ जो कहूँ की,
चाँद बरसे रात में।
तुझसे भली तो टिमटिमाहट,
जो जागते हैं, रात भर।
दूर हैं सही पर उसका वायदा,
रहते हैं वो रात भर।
तु तो अपना हो गया,
फिर क्यों तु मुँह छिपाता है।
जब सुबह आँख खुलती है,
तो दूर कहीं चला जाता है॥

"दीया"

अँधियों में जलता हुआ,

जो दिया मिल जाए,

उस दिए से पूछ लेना,

मेरा पता मिल जाएगा।

खुद जल कर जो औरो,

को रोशन कर जाए,

जो अंधेरों में उज़ाला कर जाए,

वो 'दीपक' ही कहलाएगा।

'दीपक' बन कर अंधेरों को मिटाया,

खुद जल-जल कर औरो को उज़ाला दिया,

रोशन किया उस जहाँ को,

जिसे केवल अंधेरों में रहने की आदत थी,

बुझ गया वो 'दीपक' जलते-जलते,

पर फिर जलेगा एक दिन,

अपनी रोशनी को इस तरह बिखराएगा,

कि सूरज की किरणें भी फीकी पर जाएंगी,

बन कर 'उजाला' वह फिर लौट आएगा॥